머무는 동안 기억 저편은 풍요로웠다

머무는 동안 기억 저편은 풍요로웠다

초판 1쇄 인쇄 | 2025년 04월 30일
지은이 | 박장길
펴낸이 | 이승훈
펴낸곳 | 해드림출판사
주 소 | 서울 영등포구 경인로82길 3-4(문래동1가 39)
센터플러스빌딩 1004호(우편07371)
전 화 | 02-2612-5552
팩 스 | 02-2688-5568
E-mail | jlee5059@hanmail.net

등록번호 제2013-000076
등록일자 2008년 9월 29일

ISBN 979-11-5634-629-6

머무는 동안 기억 저편은 풍요로웠다

박장길 시집

해드림출판사

작가의 말

어쩌다 탈곡의 기회를 놓친
논 귀퉁이 벼 한 포기
두렁 농부가 되어
낱알들의 독백을 들어 주어야 했을 텐데,
그저 어릴 적 서정만 그리워했나 봅니다

가난이 눌어붙던 시절
흐릿한 기억 넘어 미처 꺼내지 못했던 날들을 뒤적여
문밖에 내어놓습니다.

2025년 봄날에
박장길

차례

1. 봄 오는 소리

2. 엄마의 기도

3. 달의 속내

4. 꿈과 생시

1

봄 오는 소리

꿈속의 언어

새벽마다 나를 찾는 내 안의 음성이 있다
환청처럼 번지다 만 외계의 문장들
만져질 듯한 감각의 언어들이 줄지어 숨어 있다

꿈속,
혀끝에서 무너져 끙끙 앓던 언어들이 있다
낮술에 취한 말처럼 꼬여 비틀거리듯,
달과 별이 다투다 헝클어진 이야기를 풀어내야 한다

기억과 상실의 임계점에서 얽혀버린 어제의 말들이
수런대는 곳,
생시와 꿈속의 언어가 구별되지 않는 곳,
더 낯선 문장들이 머무는 세상에 발을 디뎌야 한다

날 빛까지 떠도는 달을 따라 나일론 가방에
꼬마 꽈배기 서너 개와 단팥 빵 두 개를 감아 들고
지난밤이 둘러놓은 냉기를 몰아내며
신음하듯 뱉어내지 못했던 언어들을 찾아 나선다

세 살배기 아이의 옹알이만도 못한 글
맹물 출렁이는 종이컵 속 고민들이
이내 불어 터져 하얗게 새어 나간다

앉은뱅이책상 위 우메
꿈 깬 뒤 쳐다본 천장天障
참!
깊고 멀다

정월 초저녁

동네 풍객風客이 일러 주는 겨울 이야기들이 굴러
다닌다

폭설에 동강 난 소나무 등걸 베어 막힌 도랑 뚫어
놓고
얼음장 풀리기 전 객토해야지
하우스 망초 싹은 동지슨달*에도 성성하게 모여 섰
으니,

치우다 만 눈 더미 구석에 수북한 세사世事와 부작
위들
이유를 물어 절댓값 찾으라는 충고는 좀체 듣기 싫
은 삭풍의 꾸중이다

난해한 문장과 읽히지 않는 책, 덧칠된 서정들을
갈피 해 보지만
턱받이 없는 어린애 밥상머리 같다

고요보다 난장이 그리운 까닭이다

* 슨달(섣달):강원도 사투리

장례長利 쌀

냉골에 목줄 매고 골방에 든 동안거
울상의 유년이 문고리를 당긴다

숨어 울던 시절 시들어
미간에 들를 때마다 한숨부터 내뱉는 삶의 등식

즘말점말 저수지 터져 벼락 물이 덮친 해
머슴 둘 새경에 한 섬지기 터전
마지기 풀이로 쌀가마니 숫자에 취하셨던 아버지

추수 뒤
한 줌 입에 대 보지도 못한 쌀알이 거친 논바닥을
굴렀었다

장례* 쌀 등에 얹은 구부정한 리어카
찌부러진 바퀴를 고무신 밑창으로 밀던 꼬마 형
제들

차멀미에 전봇대 지나가듯
겨운 힘 토해내며 고프던 뱃골

살 좋은 버덩엔 이팝나무 한 아름인데

녹슨 리어카와 구멍 난 고무신이
무심히 늙어 버린 유년을 부른다

* 장례 : '장리'의 방언

아버지의 등록금

휘어진 보리밭 이랑 사이
찬 바람 불었다

마지막 조찬
소쿠리 한가득 콩깍지 담기고
애써 고개 돌린 안소* 눈물에 바깥 소 서성댄다

낯선 장사꾼 전대 열리고
할머니 눈시울 뒤란으로 숨었다

반세기 얼어붙어 전설처럼 귀에 걸린
아버지의 대학 등록금

워낭만 남기고 간 안소의 눈물

* 안소 : 소 두 마리가 쟁기를 끌 때, 왼쪽에 맨 소

봄 오는 소리

눈밭에 찍힌 아버지 털신 자국
낯선 바람 지나다 잠깐 들렀네

바스락 스르륵
눈사람 녹는 소리
……
수레국화 만개했던 진보라 둔덕에
섣달 저무는 소리

외양간 구석 쇠오줌 졸졸
정이월 오는 소리

새 가방에 활짝 웃는 여덟 살 외손녀
학교 가는 소리, 봄 오는 소리

생일날의 추억

토막 난 글 줄이 헐떡거리다가
들숨 끊어질 듯 절명이 가까울 때쯤 진한 날숨 터진다
한 겹 두꺼워진 테 두르고
서너 발쯤 되었을 할머니 매어 놓았던 금줄을 타래 삼는다

가난했던 울안에 버둥대던 발자국
물동이 똬리가 머금었던 엄마의 젖은 마음,

푸진 이밥과 선달의 미역국
나일론 잠바와 양말 한 켤레가 보리밭 머리 돌아올 때
처마 끝 굴뚝새는 꼬랑지 삐쭉대며 즐거웠다

허기진 흰 사발엔 감자송편 가득 담기고
작은댁으로 내 달리는 논두렁 걸음이 가벼웠다

한 겹 구리무*로 덧칠된 가난이 허연 연기로 퍼질 때

초가 굴뚝 위로 번지던 온기,

선달 열사흘 엄마 품에서 첫울음 울던 날
부엉이 울음조차 고요했던 날

독자셨던 아버지
넉넉한 막걸리로 주막거리 채웠던 날

설한雪寒의 뜰에
흰 눈 켜켜이 쌓인 엄마의 하얀 바다를 걷는다

* 구리무: 화장품 크림(Cream)

고향

메꽃 긴 하품이 석양에 늘어질 때쯤

딸랑대는 빈 도시락 책보 등에 업고
굴렁쇠 앞세워 집으로 가던 길

맨발 뒤꿈치에 고무신 걸어 신고
논두렁 삼거리 잘도 달리던 길

섬바위골 도랑 틈 가재와 솔방울
소나기, 무지개가 한집에 살던 곳

맹꽁이 울음 어둠을 부르고
먼 길 가는 저녁연기 고향 소식 모아 나르던 곳

앞산 이만큼씩 다가와 앉고
꼴지게에 풋풋한 풀 향기 졸고 있던 곳

그곳

그곳이

내 자란 고향이란다

됀

엄마의 소망과 기도가 숨어 있던 곳
토담 따라 노간주나무 쫄로리* 키 재던 곳

삼백예순날
동그란 하늘 품고 샘물 퐁퐁 마르지 않던 곳

정화수 한 사발 장항아리에 얹어놓고
보름달 보며 자식 걱정 빌고 빌던 곳

빨랫줄 바지랑대 햇볕 따라 기울이면
보리밭 먹잠자리 잠시와 쉬며 날던 곳

드문드문 남아 있던 미나리 밭머리
"엄마의 됀*, 나의 뒤란"

* 됀(방언): 뒤

* 쫄로리(강원): 줄지어 잇따라

나는

꿀렁대는 돼지 똥과 쇠똥 냄새를 좋아하는 난 바랭이의 환생

한겨울
김이 무럭무럭 나는 외양간 뒤편이 내 고향 잡초면 어떻고, 개똥 쇠똥이면 누가 뭐라 하겠냐만

가늬골 뒷산에 진달래 지고 나면 찔레 대 꺾어 씹고 물려받은 섬지기, 남부럽지 않으니 제 놈 운명의 그림자를 일부러야 건져 올리겠는가?

너른 마당에 멍석 펴고 누워 은하수 누비는 낭만의 방랑자

바랭이로 왔다, 토끼풀도 되었다가 베짱이었다, 가시 돋친 나무 되었다가
한겨울 한량으로 사는

그리운 할머니

선달 바람 매서운 밤
화롯불 위 노릇하게 익어가던 군고구마
쪼그려 앉으신 할머니 손끝엔
세월이 주름처럼 깊게 스며있었지

낡은 장판 위
뒤꿈치 헤진 검정 고무신 한 켤레
거꾸로 신고 나가 눈 위에 찍어보던 떡살 무늬 작은
발자국

뒤꼍엔
어깨끈 늘어난 나무 지게 하나
비틀린 나뭇결 사이로 햇살 퍼지면 할머니 등이 떠
올랐어

무거운 나날 이고 진 채
머지고개* 넘으시던 뒷모습이

따스한 숭늉처럼 할머니 품 언제나 포근했는데

이젠
그 바람만 남아
잠깐씩 불어오다 이내 사라지고

* 머지 고개: 횡성읍 마옥리에 있는 고개 명

수레국 I

돌 박사리 걷어내고
살 좋은 양지에

흰색
분홍
보라를 입혀
감感 드리운 두드림

명사名師의 숙제 풀 듯
소망을 심었지

한낮이 널어놓은 꽃그늘에
바가지 물 한가득 뿜어 주고는

쑥대밭 언저리 붓꽃 데려오고
텃세 부리는 엉겅퀴도 주저앉히고
눈총 많이 받을 곳에 그대를 뉘었지

수레국 Ⅱ

목수국木水菊 뒤
붓꽃 텃세 판치는 둔덕

돌비알 가슴에 보라를 피운 너
긴 여름 이겨내며 야무지게 영근 너를
긴 목 모아 쥐고 훑어내렸지

볕 좋고 바람 좋은 지붕 밑에
걸어두고 중얼거렸어

피어나지 못해 손길 원망했을
자주색 아이들

겨울의 숨 토해내며
피워 내는 시절이 꼭 올 거라는

수레국 Ⅲ

고개는 동쪽으로 돌리고
꽃잎은 서쪽으로 두어 노을빛까지 담아야지

창窓은
솔가지 살짝 가리도록 남쪽으로 둘까?

찬 이슬 축축한 독백 바람에 실어 보내고
동안거 길 걷다 보면 수레의 봄날 다시 오겠지

그땐
순전히 보라만 피워 낼 거야

시오 리 길 고개 넘어
너를 보러 오는

나만 알 수 있는
발걸음 소리 들을 수 있을 테니

소나기 지나간 뒤

거친 소나기 잠시 멈춘 틈새
오늘 밤엔 별 볼 수 있으려나

구멍 뚫린 하우스
고추 멀쩡하고

천둥에 놀라 꼬리 내리던 강아지
입맛 다시며 배고프다고

호된 열병식에
순 잘린 서리태 휘청대더니
몸빼 줄 당기며 오늘은 좀 쉬어 가는 날

무릎 꺾인 참깨가
젖은 어깨 털어내며 안부 전하네

우리 애들 모두 모두 별일 없다고

산소통과 망치

가늬골* 새벽
고요를 깨워 하루를 알리던
수백 교회 늙은 여 전도사

골고다 언덕 위
파랑새 울음 같던 통성의 갈망

절대자 영접 시간쯤엔

사랑 부엌 가마솥 숨죽이고
쇠여물도 울며 끓고

산소통 애끓는 기도에
망치도 울고 마는

* 가늬골 : 횡성읍 마옥리 자연부락 명

추수 그 허전함에 대하여

가을비 드센 날
홀씨들 떨며 지새우는 밤

낫에 베인 상처 아물 새 없이
엉겅퀴 껍질 같은 손등 위로 달아나는 계절

구름 비낀 하늘에
땀내 뱉어내며
그루의 절댓값을 튕겨 보지만

알곡 떨군 빈자리
저며 오는 그 씁쓸함이여

2

엄마의 기도

궁상떠는 날

계절 감각조차 잃어버린 날들
채근담 몇 줄 읽다 실눈으로 세상을 훔친다

지난밤 숙취가 남은 몰골
꼬르륵하는 뱃속을 문지르며
이따금 후드득거리는 빗소리 싫어 모로 누운 몸
행색은 여전히 겨울을 떨구지 못하고 흔들리는 낙
엽 같다

등잔 심지 돋우며 자란 터전에 꽃다지 피고
장화 속으로 가만히 기어드는 유년의 잔상들만 만
지작 거린다

좁다란 논둑길로 새참 광주리 지나가고
자싯물*에서 바쁘던 할머니 손길 다시 볼 수 없으니,

싸래기 눈비 섞여 지정거리는 날
멧비둘기 한 쌍 겨울 자국 남기고 날아간 뒤

텃밭 언저리로 모여드는 씨앗 타령만

"궁시렁궁시렁"

* 자싯물(강원): 개숫물

병상病牀 놀이

까칠해진 머리에 주먹을 받치고
왼쪽으로 누웠다가
팔뚝 말아 베고 오른쪽으로 뒤집었다

뒤집었다 엎었다
몸뚱이로 하는 놀이

옆 병상에 있던 분
딱 3일 만에 별 되었다네

볼 수도 알 수도 없는 먼 나라 이야기들이 나일론
줄 따라 점점이 떨어진다

흩어지는 양념 덩어리들
바늘 끝을 뛰쳐나와 연못에 스민다

예루살렘 성벽 앞
실로암 못인가

베데스다 연못인가
고깃배 속 요나의 바람이 간절하다

광야에서 올리던 모세의 기도는
홍해를 가르는 기적의 교향곡

하늘을 모자이크 하며 염원하는 병상
무간의 그림자들이 발소리 없이 다가온다

푸념

간명한 논리에 대들다 찌들어 버린 일상
진절머리 치던 계절이 비틀거린다

관절이 제집을 찾아가는 길목 어디쯤에서
부딪혔던 옹이를 만나 아물어 가는 상처 이야기를
풀어 볼 수 있을까?

허공 떠돌던 진땀이 세상 걱정 토해내던 날
중력과 양력 경계점에서 일던 테의 무게를 이겨내
지 못한 소나무
밑동 꺾인 등걸이 누워 지르는 외마디가 눈 비탈로
구른다

볕에 녹고 얼었다 또 녹으며 질기게 살아감인 걸

왜?

지난여름 탓만 하며 보냈을까

마음속 바람이 차다

고추 따는 날

큼지막한 첫물 고추
실하게도 익었네

반나절도 안 됐는데
손가락은 저려오고
땀만 삐질삐질

한증막 같은 하우스 속

아차!

당겨도 안 따지더니
고춧대가 부러졌네

포대는 아직 반도 못 채웠는데
고랑 끝은 왜 이리 먼지

눈 한번 껌벅하니

벌써 새참 때인가?

에라!
모르겠다 쉬었다 하자

전기포트 물 끓여라
쌀국수나 말아 먹게

쉬는 날이 장날

가을비가 많이도 옵니다
땀방울로 맺은 알곡들이 하나둘씩 눕더니
오늘 아침엔 평퍼짐한 들판으로 변했습니다

버덩 밭 서리태도
지겹게 나오던 바랭이도 이젠 한풀 꺾이고
매달린 열매들 굽은 팔로 움켜잡은 은행나무는 어쩜 내 모습 같습니다

비바람 비켜 곰팡내 나는 초막에 들었어도 눈, 귀 창밖에 머물고
꿈쩍 안 하는 구름만 원망스레 바라보다 창문을 닫습니다

그 옛날 할머니 중얼거리시던 말씀
"곡식 잘 되면 뭣하나 하늘이 먹으라 해야지"

침침한 눈 껌벅이시며 낡은 군용 담요 몸빼 입으시곤

마루 끝 볏짚토막 깔고 앉아 시무 살*에 별 되신 할
아버지 원망하며 새끼 꼬으셨어요

시름 안고 내려
평안을 놓고 가는 창조주 선물
농사꾼 일상은 하늘만 벗 삼으며 살아가지요

행여 다행은 어제 파 놓은 배수로 덕에
김장밭은 멀쩡해 걱정거리 하나는 덜었습니다

오늘 점심엔
컵라면에 커피나 한잔 삼켜 보려고요

쉬는 날이 장날입니다

* 시무 살(방언): 스무 살

봄 타령

고급 책상에 앉아
갑론을박 박수로 마무리하면 한우국밥은 덤으로 오던가?

이보시오 벗님!

난 무릎 모가지 꽉 조이는 장화 신고
흙뭉텅이 깜장 비닐을 탈탈 털며 겨울을 걷어내고 있소

새참이라곤
챙겨온 단팥빵 두 개에 보리차 한 병이지만 말이오

참 부럽소
한우국밥 드시는 벗님

허나
복상 자두 꽃 피고 옥수수 익어가는 계절에 두고

봅시다
그땐 시큼한 자두와 달콤한 복숭아 한입 모자라게 베어 물고는
밭둑 구들 삼고 바람 베고 누워 그늘 쉼 할 테니 말이오

겨울을 걷어내 보니 숨죽여 잎 내미는 냉이도 보이고
수레국 기지개도 외눈 뜨는 듯

홍건한 등때기,
이내 몸도 봄인가 했는데 착각이라 개탄하고 말았소

가을로 접어든 인생길 촌놈이 촌노 되어 가는 줄 모르니 말이오
묶은 겨울 치우고 나면 당분간 한 섬지기 둑방만 왔다 갔다 할 거외다

씨앗들이 나를 불러 세울 때까지 말이오

장마

장맛물에 잠긴 떡 바위 귀신
발 묶인 울음, 원망을이고 섰다

철 따라 오가는 우로雨露는
계절 넘나드는 작위作爲의 심술

삽자루 쥔 농부의 탄식이
빗물에 취한 금낭화 연분홍 안부를 묻는다

통성痛聲 기도와 한탄의 교차점에서
병치레 심한 아내의 한탄

"하느님이여, 당신 뜻대로 하옵소서"

터

등 굽은 밭뙈기
땀방울 안고 누운 고랑

이팝꽃 수북이 떨어진 더께 위
가을바람에 날아갔던 들깨 알 민낯 내밀었네

옥수수 찧던 세기 전 디딜방아 소리
잡초 무성한 몸돌에 어리고

어쩌다 길 잃은 풀잠자리
개미가 물고 어디론가 가는 곳

엄마의 기도

나무 십자가 가까워질수록
만물들의 발자국과 기도는 쪽배에 실리고
가난한 삶은 산 밑으로 모였다

토담 변소 앞에 놓여 있던 빨간 성경책
한 장씩 찢겨나가고
잿간에 머물던 기도 제목들은 싸라기눈 되어 쏟아
진다

문지방 틈새로 빼꼼히 보이는 곳
오래된 언덕 지키고 선 낡은 교회 공소

어쩌다 한 번 종소리 들리는 날
간절한 소망들 가지런히 모아 쥔 엄마의 작은 손
통곡하던 기도 소리, 떨리던 입술은

묶인 매듭 풀어 달라는
한 맺힌 간구懇求였다

춘설

나목에 서리던 저녁연기
하얗게 누웠다

어둠 속 오르지 못한 이야기들
굴뚝 옆에 모여 수런거린다

입춘 지난 지 한참
뿌연 햇볕은 보름밤 붙잡고
철 잃은 눈꽃 이야기로 한창이다

내가 늦게 내렸으니
올여름도 엄청 더울 거라고
가을까지 내내 이어질지 모른다고

눈사람

은빛 버덩에만 살다가
어떤 날 문득 사람 되고 싶었다

사랑도, 미워도 하고
이별도 할 줄 아는 망념妄念을 품에 안고
가늬골 너른 마당 대추나무 아래 내렸다

눈길
오솔길
장마 물 어지럽던 강 길
은행잎 떨어지는 밭둑길 걷다가

별 좋은 어느 날

동네 새들과 나무들과 주막거리며 양지말,
마늘밭, 도라지 밭까지 돌아보곤,

봄볕으로 손 씻고
마른 대추 한 알 물고
사랑 꼭 하나만 담고

빨래터

사나흘 묵은 나일론 양말

"상환네 열사흘 날 일꾼 둘 얻어 용구새 틀어 덮고
재남이네 글쎄 지난 장에 돼지 새끼 시 마리*나 사
왔다네
정월 보름날 즘말 옹기 꾼들은 큰불도 때고 고사도
지낸 다데
돌쇠네는 이번 슬에 백 근 나가는 돼지도 잡는답디다
우리도 한칼 사 와야지"

한겨울 이야기들 샘물가로 모인다

양잿물 비누에 거칠어진 손 등
빨랫돌 하얗게 겨울 때 벗는 날

샘물 휘휘 저으시던 고단한 삶
비눗물에 헹궈내던 엄마의 언 손

* 시 마리(방언):세 마리

가을 연가

구멍 난 여름
바람으로 기워놓고

들깨밭 구석배기
노란 이야기들 소복이 쌓일 때
미어지는 가슴 단내 나던 순간들

가쁜 숨 잠깐씩 걸어두던
외발 수레 둔덕 길

거미줄 실밥만 가늘게 남은
도토리 쉼터에

펑! 펑!
논 울음 가득한 날
문수 큰 장화 발자국 찍어 볼 수 있으려는지요

참깨 타작

덜 마른 이슬방울
밭고랑에 매어놓고

토실하게 영근 참깨
"톡톡" 두드린다

쉰 보리밥 새참에 막걸리 한잔
할머니 몰래 참기름에 비벼 먹던 고소한 향기

시집간 딸애들 찬장만 온종일 왔다 갔다

백로白露

가을이 널어놓은 섬강 둑방 이슬 길
달이 지고 나니 별마저 떨어지더라

꼬리 물고 만들어낸 꺳 망아지 비행기
잠자리 떼 묘한 사랑 늘어지게 이어지고

한 철 메뚜기 우쭐대며 뛰다가
승지봉* 길 징검돌에 숨어들 길 막막해

이른 계절에 때늦은 만남
이슬 내린 건가
사랑이 깊은 건가
가을이 앉은 자리 젖어 있더라

* 승지봉 : 횡성읍 학곡리 산봉우리

3

달의 속내

내 손주 오는 길

수세미 열리고 물봉숭아 피어나면
가죽 가방 어깨 메고 우체부 오던 길
손주 소식 기다리던 울 할머니 까막눈이셨지

때 묻은 편지봉투 손주 글씨에
이웃집 영순네로 급히도 가시던 길

우체부 자전거 넘어질세라
눈 덮인 논두렁 쓸어 내던 길

누렁이 좋아라 뒤따라 돌고
미루나무 꼭대기 까치 울던 길

쇠죽불 연기 그치면 내 손주 오려나
매운 눈 훔치며 내다보던 길

춘삼월 지나고 개구리 울면
바람불이* 도랑 건너 들어서겠지

* 바람불이 : 횡성 마옥리 골짜기 지명

어느새

선달 바람 금줄 붙잡고
할머니 손에서 컸지

생략 불가한 날들
기억 뒤편으로 흐려가고

틈새 빠져나온 빛 한줄기 따라
허물 몇 겹 벗고 보니

하마

가을이네

달의 속내

보름 이틀 전야
멀리서 보는 밤길의 환상
검은 모습 다가선 미동 없는 교각 밑
비릿한 겨울 때가 덧쌓이고 있다

초저녁 별 하나 갈풍리 하늘쯤에 취해 떠 있다
삭풍 밟는 아스팔트 위
바닥에 부딪히는 고요가 까맣게 튀어 오른다

문밖에 둔 마음
발자국에 얼어붙고
낯설게 들려온 겨울 강 외마디

쩌러릉 꿍꿍

쓸쓸한 달, 추위에 떨다 잠들고
언 눈썹 말아 올리며 뜻 모르게 하던 다짐
짤막하게 토하던 밤

산다는 것

파도를 보지 않고 바다를 보는 건
살아야 하기 때문이다

맹물을 쪼아대며 허기 가득한 빈속을 채워야 하는
것도 살아야 하기 때문,

들깨 털다 다친 손가락을 꼬집어 보지만
어린 시절 시렸던 손만큼은 아닌 듯하다
살아야 하는 이유를 잊은 채 지낸 지난해 여름이
대견한 건가?

느릿느릿 도망치던 여름 꼬리가 바람에 잡히고
짜내듯 떨어지던 땀방울이 살아야 하는 이유를 물
고 흰 눈에 덮였다

굳게 닫힌 계절을 딛고 서서
씨앗 틔우고 키워내야 하는 필수 조건을
폭설에 허리 꺾인 노송에서 읽어 내야 한다

모래도 처음엔 바위였을 터
삶도 오래도록 다듬다 보면 평생으로 남는 것

바다를 보자
하늘과 맞닿은 수평선을 보자
살아야 하는 이유를 그곳에서 찾아보자

한여름 되면

닷 말 약통 벗은 어깨 물러앉았지만
스무나무 그늘 밑 숨어 열린 돌배 놈이 웃어주니
그나마 오늘은 견딜 만 하오만,

숟가락 놓을 틈조차 없을 듯한
그대의 밥상머리가 뜬금없이 그려져
부추전에 매실주로 거나해지고 숭늉으로 입가심할
때쯤

난,
물 한 양지기에 멸치국수 털어 끓이고
신 열무김치에 더위를 말아 욱여넣고 있을게요

달포쯤 더 지나선
새콤한 베리 한 바가지 따다 놓고
엉겅퀴 가시 같은 집게손가락으로 등짐에 굽은 봄
과 간절이 된 땀방울을 맛보며

내,

그대 생각일랑 눈곱만큼도 안 하리다

돌무지

물서렁 묵 밭떼기 검불 움켜쥐고
호미질 부지런하던 곳

땀방울에 묻어나는 땅의 숨결
바윗돌에 맺힌 한 모질게 캐내어
비탈밭 언저리에 대 이어 쌓은,

누워서도 훤히 뵈는 버덩 밭머리로
투실한 감자 뱃살 내밀면

초가 봉당 끝에 허기 물러앉던
삼대三代 더 이어야 할 애틋한 터전

수탉 잡던 날

멥쌀 한 줌 쪼아 먹다가

툭!
멀터구니 하나 세상에 내던지고

지방紙榜 한 장
제일祭日 하루 이승에 남겨질까?

안개 자욱한 시월 초이틀
제삿날은 무슨

수탉 마지막 울음에
손끝 시린 날

이제 바람에 실어 보내자

영혼 맑은
내 사랑아

끝없이 뿌려지는 낯선 언어들 속

혼 젖은 병상에서 절망을 말아 삼키던
순간, 순간들

이젠
모두 바람에 실어 보내자

무언의 간구
가슴으로 태우며 영원을 갈망하던 사랑아

삼손의 머리
다시 자라거들랑
하늘 한 칸 빌려 깔고
오두막 엮어

깨어지고 부서졌던 생의 편린片鱗들
아픔은 삶 기도는 사랑이라 노래하자

감자꽃 피어 하얗게 쏟아지는 날
가늬골 언덕에 오동나무 그늘 되어 다시 오자던 내
사랑아

던져놓은 은혜와
마디마디 박힌 저림의 순간들이
이슬 마른 석상 되어 묻힌다 해도

당신을 사랑할게

영원에서
영원까지

산달産月 이후

달걀이 닭을 낳았다
산달을 겨우 넘겨
촛물 속 귀퉁이 일그러진 모 두부가 태어난 것,

자갈길 닦은 사내가 떠나고
모래 흩뿌려진 신작로
한 철 낭충들이 부랑아처럼 휘청대는 거리
가로등마저 빛을 잃고

산통産痛 후유가
이른 아침 저잣거리로
나절엔 버덩말 지나 양지말에 들르기도 한다

막다른 골목,
떠돌던 바람이 던지는 은어 이명처럼 스치고
바람불이 넘어 고갯길에 싸매 둔 상처가 아리게 다
가서는 새벽길
무서리 심상찮은 즈음 훅 들어온 설레발 바람난 각

설이 타령처럼 들린다

고주파 치료가 절실한 난청 지역 개구리 동안거 길
느린 걸음에 무게를 더하는 법칙이 바람에 굴러간다

깨진 껍질들의 퍼즐 맞춤
첫돌 되기 전
질김의 사유를 기억해야 한다

가을엔

이제
문을 닫아야 한다

힘겹게 구르던 녹슨 트랙터도
아껴 쓰던 분무기도, 요소와 인산비료도,
검정으로 덮인 고랑 문을 열고 팔다리 채워 가두어
야 한다

부러진 삽자루와 장화
간이 밴 옷가지는 가을바람에 씻기고

주파수 고장난 라디오의 객담도
새 쫓던 반짝이 줄도 거두어 내 안에 두어야 한다

파헤치고 펴 널고,
여미고 거두며 쌓아 놓아야 한다

봄 가뭄과

오래 머물던 장마와
제집 이탈한 관절과
피 솟구치던 손가락 상처도 싸매 두고

하루를 보내고 맞음에 익숙하듯
열리고 떨어짐에 연연치 말아야 한다

계절에 속고 또 속더라도
절대의 계절을 살아가야 한다

비우고 채우는 것이 아닌
비워놓고 채움받는 고랑의 선한 역사

하늘이
시키는 대로 해야 한다

자화상

낫질 고단한 일상
우쭐대며 불어오는 떼 바람이 거만하다

몇 겹 바람이
내 안의 나를 뒤쫓는다

바람 빠진 풍선 마냥
좌충우돌의 언어와 쉽게 읽히는 문장에 숨어 지낸다

몇 번씩 잘려도 바람까지 안고 서는 부추
그만도 못한 농부 놀이만 하는 건 아닌지

단풍 쏟아질 때쯤
내가 네 곁을 떠나고
네가 내 곁에서 멀어질 테니

잎으로 온 것들 베어 누이면
지나가는 나그네들 봐 주기라도 하겠는가?

주름 깊어져 가는 농사꾼 골짜기

이슥한 밤
지나던 바람이 타이른다

그믐밤
계수나무 그림자는 보이지 않는 거라고

소년의 화로火爐

등허리 시린 잔 등 벅벅 긁어 대며
보강지* 앞 모여 앉아 군불 때던 시절

화롯불 구멍 쇠 위에 청국장 끓어 넘고
동지 삭풍에 잿불 사위면
생고구마 묻어두고 선잠이 들었었지

곤하게 얽힌 삶의 자취를 거슬러 보지만
필반筆盤에 놓이는 건 짧은 글 한 줄 뿐

어느새 모옥茅屋은 텅텅 비어 무너져 가고

* 보강지(강원): 아궁이

장날 기억

한 섬지기 이 터전에
아버지 숨결 다시 느낄 수 있다면
가지런히 두셨을 호밋자루 다시 걸어둘 수 있다면

이끼처럼 누워 계신 산등성이 아버지
그 수고 어찌 버리고 별 되셨을까?

달과 별 마중하던 곳
닷새장 걸어 넘으시던 머지고개 굽잇길에
여섯 식구 먹여 살리던 마차 바퀫자국 남아 있을
것 같아

흉상胸像의 마음

우수憂受만 안고 사는 구원의 인도자
피안 길 고행에 감기지 않는 눈자위

서설瑞雪 위에
손가락으로 그린 흉상
언 땅에 누워 보는 날

꼬리 긴 입술 끝에 걸린 미소와
읽어 낼 수 없는 미간의 언어는
마음 쿨렁거리다 만 차가운 심장 속 따스한 고백

가만 고개 돌려 눈雪 위에 쏟아내는 사랑의 기도문

저간의 기억

천하天下도 지대본之大本도 모르고
땅 하늘만 벗 삼았지

저무는 해 아버지 꼴지게를 재촉하고
엄마는 암반에 밭고랑 국수를 밀어 대고 계셨어

감자 칼국수에 신김치 썰어 넣고
썩음한 보리 꽁치 두리반에 오르면

일곱 식구 둘러앉아
부디 치는 숟가락 밥상머리 오가던 밤
아득히 멀어져 간 그 시절 냄새들

4

꿈과 생시

아버지 안부

질척한 고무신이
헐렁한 안부를 묻는다

무릎 적신 이슬은 한나절 되어 바람이 실어 가고
폭염에 데인 삽자루,
상처 싸매고 그늘에 누웠다

대를 잇는 쇄선들
보이지 않는 금 그어 지켜낸 한 섬지기

아침노을 마냥,
미어지는 그리움만 번져 간다

올 팔월엔
이승 나들이 다녀가시겠지

서낭당 지나 바람불이 건너 소 몰고 가겠다는
낯선 기별 한번 주시려나

스쳐만 가는 바람 자락 안부 한 줄에
긴 한숨만 끊어 쉰다

꿈과 생시

오래 머무는 동안 기억 저편은 풍요했다
산속 시내와 하늘 바위가 인사를 나누고
계절은 늘 여름이어서 가벼운 겉옷에 슬리퍼를 끌기도 했지만
농사 일할 때는 봉당마루 밑 장화를 신기도 했다

고단한 저녁
너른 마당 한복판에 미끼 없이 던진 낚시

까마귀 걸리면 퉤퉤 침 두어 번 뱉어내고
까치가 물면 복권을 샀지만 건져 올린 건 튕겨 나간 화딱지뿐

꽝 나버린 끝자리
하얗게 말라가던 뇌세포가 반짝인다

"그래

한 번에 맞아 주겠니 집 팔리기 전까지는 낚아 봐야지
자전과 공전의 주기를 잘 맞추어 하늘의 기를 받아 보는 거야

터지기만 하면
빌딩, 산, 바위와 개울도 사고 돈 숨길 하늘도 한 섬지기 사야겠다"

어젯밤 같은 꿈 오늘도 꿀까?
매일 까치 우는 소리만 들렸으면 좋겠는데

어느새
창문이 훤하게 밝아 온다

엄마와 사랑방

누런 지도 그려진 싸리나무 잠박蠶箔
푸지게 차린 뽕잎에 풋고추 다진 쌈밥이 한 상床이다

애기 잠*
두 잠
세 잠
막 잠

"얘들아 알뜰히 다 먹고 고치 잘 지어야 해"

해진 옷자락에 물 뽕잎 한 다래키*
왼 봄내 매달았던 허리춤이 가볍다

문지방 넘어 들리는 사랑방 손님들의 마지막 밥상
만찬장 빗소리가 엄마 가슴을 적신다

* 애기 잠(아기 잠,첫잠): 누에 1령때 자는 잠

* 다래키(방언): 다래끼

구겨진 열차표

띵동!
댕동!

귀에 익은 듯 낯선 벨소리

끊이지 않는 행렬 속
구겨진 표가 손바닥에서 째각거린다
앞으로 다섯 번 더 울리면 내 차례다

"581번 입석"

번호표 좌판 옆,
무간과 천당을 오가는 객차가 휘어진 허리를 감고
멈춰 섰다
줄에서 이탈하면 외계행 직행열차에 탑승해야 한다

스르륵
밀리듯 열렸다 닫히는 개찰구

마스크 쓴 승무원이 안내하는 통로를 지나 쌍 모니터가 놓인 테이블, 탑승 전 거쳐야 할 특별 검문소다

빼곡히 늘어선 일련번호가 서랍 속으로 들어가고
숨죽인 미간이 흔들리는 찰나,

승차 대상 아니니 돌아가란다
순간이 홍건하게 등줄기로 흐른다

등 굽은 열차,
고장난 기적 소리를 들으려는 간이역 대합실에 파리한 소망들이 앉아 떨고 있다

족한 얼굴로
주름진 걸음으로 오가는 사람들

깜박거리는 전광판 이름들이 위아래 오르내리고
벨 한번 울릴 때마다 아라비아 숫자 하나씩 지워진다
막차,
아직 멀었는데

슬며시 열차표 구겨 안주머니에 감춘다
쿵쾅거리는 심장 소리가 처연하다

할머니 장날

오래 묵은 새벽을 깔고 앉은 저잣거리
남은 열무와 계란 한 줄이 고단하다

아랫배에 걸린 해가 기울어 갈 때쯤
값싼 홍정에 떨이를 털어내곤 닷새장을 말아 쥐셨다

일성당 약국 들러 아스피린 사흘 치와 고약을 사고
난전을 돌며 손주들 옷 고르신다

"지난 장에 봐 두었던 반바지, 값이 그새 올랐네"

만지다 만 반바지 약속을 장바닥에 널어두고
이만큼 왔다 돌아서서 또 보고,

쪼그려 앉았던 무르팍
쇠죽불 고픈 보강지가 부르는 소리
시오리 발 길이 더디다

마음 포근했던 할머니의 장날

시름 싸매고 새벽을 펼치던 낡은 장 보자기
헤진 구멍으로 손때 묻은 동전 몇 개

쏙!
빠져나와
방구석으로 데구루루 굴렀다

할머니의 노래

할머니 새끼 꼬며 부르시던 노래가 구슬비로 내린다
이담에 나 죽으면 큰 손주 슬리* 울어 주려나
새끼줄에 매어 둔 마른 한숨 몰아쉬며 노래를 부르
신다

"어이어이 어어, 어이어이 어어"

비 장단 지휘자도
무 음표 가락도 모두 졸고 있는데
툇마루 끝에서 온종일 쉼게도 부르신다

구슬비가 전해주는 슬픈 사랑 이야기
오선지 적시는 애끓는 기별
외로이 젖으시던 할머니의 노래가
"어이어이 어어, 어이어이 어어"

무딘 기억 건너온 할머니 노래
온종일 들려온다

사방으로 방울진다
"어이어이, 어이어이 어어"

* 슬리(방언): 서러이

촌놈 고백

굽잇길 돌고 돌아
눈가에 내려앉은 아픔

가을볕 지고 나면 애써 외면하며,
흰 눈에 마음 빼앗기는 겨울 되겠지

아프고 힘겨웠던 날들,
한 줄 솎아 바람에 날려 보내고

속 깊이 숨긴
뻘쭘한 고백 하나

모질었던 하늘에
헛기침 뱉을 거야

탓

가벼운 질량들의 타박
작용 반작용의 폐해
격정이 억눌린 차가운 감정

화학적 운해가 덮이던 시간
공원 숲의 달음박질은 속절없었다

먼 산 이만큼씩 다가와 앉아도
어둠의 질서는 아무 말 없이 받아들였다

징검다리가 전하던 따스한 온기
강물의 파동이 그림자를 흔들고

날숨 내뿜는 소모의 영역 어디쯤에
동의가 필요치 않은 존재로 머물러 있었을 가치를
두고
소요했던 간밤이 겸연쩍다

바다 풍경

고향은 산
파도는 삶터
백사장은 놀이터

원래 선조들은 산에 살았다
쉽게 보던 높은 산보다 깊고 넓은 세상에 살고 싶어
이사 간 바닷새
이제야 날숨 고른다

좁은 길옆으로 파도를 감시하는 조그만 배 한 척
가느다란 전봇대 위에 닻을 내렸다

목청 좋은 꼬마 스피커도
배가 내어 준 빈방 한 칸에 얹혀 공짜로 산다

놀이터 바람 사나운 날
꼬마 스피커가 나팔을 분다

새들아
애들아
파도 거세니 쉼터로 나오너라

불쑥
지나가던 이가 물었다
"저 새들 이름이 뭐지요?"
누군가 말했다
"바다 비둘기래요"

산을 바다로 옮겨놓고 살다 그냥 눌러앉았다고
굴러온 새들이 바다 텃새 되었다고
살아 내려 물갈퀴도 달았고
길고 촌스러운 이름도 갈매기로 개명했다고,

저무는 삶터에서 편한 들숨 고르는 바다 비둘기
찻잔 속 카푸치노 거품이 갈매기 떼 날갯짓에 바다
위를 맴돈다

혼돈의 날들

안팎으로 내밀 것 없고
보여줄 것 더더구나 없다
텅텅 빈 내 안
늘 드러날까 조바심으로 채워졌고
인성 닦다 만 신작로엔 울퉁불퉁 자갈만 널렸다

폭설 오는 날
차 사고로 골절된 호범이* 뒷다리처럼
성장판 멈춘 장애견 된 듯해

내 안의 나를 쪼개어 들춰 본다
뭘 쓴다고?
교만 뒤집어쓴 허풍에 시건방 가득
책 한 권 묶겠다는 생각은 가늠치 못할 만큼 오만하다

비우고 덜어라
그 쉬운 말 진작 익혀 시늉이라도 내야 했는데

이젠

아무렇게나

내 터전 베고 누워 잡초들 생각만 닮아 살고 싶을 뿐

* 호범이: 집 강아지 이름

입口이 시리다

위아래 순한 성벽
정해진 여닫이 시간 이외에도
초과 노역 심한 기관

작용과 반작용이 늘 충돌하는 곳
만사萬事 만물萬物이 각각의 사유로 머무는 곳

옳고 그름 사랑과 이별, 기쁨과 슬픔, 웃음과 화咼를
가지고 오는 이들로
붐비는 난전이다
쉬는 시간도 예외는 아니어서 미결된 일들은 잠꼬
대로 대신한다

맛난 것도 있지만
쓰고 고약해 반입 불가한 것들도 많다

결정하고 삼키고, 뱉고 소화하고 노래하며 달래기
도 하지만

안타까움에 부딪힐 땐 바싹바싹 마르기도 한다

아무것도 하지 않음으로 만사를 소통케 하는 고도
의 능력,
무언으로 꿰뚫어 판결하는 상식의 존재□

혼돈 속 세상 절박한 입□들

입□이 더 시리다

바위 되어 살아야지

억지로는 씻지 않는 갯바위 가슴팍
한세월 두었다가 얼음장 녹을 때쯤
겨울만 헹궈내고

젖은 풀잎 덮어 둔 삶의 조각들은
오뉴월 바람에 말려 두어야지

마모되는 갈망

필요도
충분도

내 안의 욕慾,

바위처럼 살아야지
바위 되어 살아야지

떨고 있더라

차창에 투영된
잠깐의 내 모습 떨고 있더라

갈 길 잃은 늦겨울이
내 얼굴을 스치고 있더라

중천中天인 줄 모르고 계단을 오르다 멈춘 발길
후들거리더라

되돌아갈 길 물어볼 이 없어
안으로 걸어 잠근 입술 떨고만 있더라

한 줄 글 뒤 숨은 문장들이
고백하다 말려버린 혀끝에 모여 오물거리고 있더라

거두지도 내보내지도 못한,

필히 사랑해야 할 이야기들이 문밖에서 떨고 있더라

무너지는 생각

밭고랑을 켜 두고
물음표를 달았다

첫 고랑에 감자를
둘째 골엔 들깨 심어 이모작을 해야지

셋째 넷째 고랑엔 참, 들깨를
위아래로 심어 볼까?

고랑 넘나들던 문장
묻었다 파헤치고 또 파묻고
고랑을 옮겨도 때 묻은 종자 발아가 걱정이다

반짝!
생각 한 줄 심어 놓으면 지나가던 소나기에 싹트다
말 테고
일찍 깬 싹은 떡잎 되어 마를 테니

척박한 문장 물음표 지우고
헝클어진 고랑 다시 켜야 할지

그래도 멀칭은 하지 말아야 해
틈틈이 잡초들 생각도 틔워야 하니까

빈 밭고랑 드문드문 생각이 무너진다

올여름엔 말이유

돌아오는 장날엔
자루 길쭉한 땀바가지 하나 사야겠소

쥐어짜 목에 거는 쿨 타월과 구멍 숭숭 뚫린 반 바지에
매꼬 모자도 준비해서 갯가 돌 버덩에 앉아 철벙거려 보게 말이오

개셤*과 칼셤*을 쳐 본 지 꽤 오래되었지만 송장셤*은 지금도 자신 있다오

여울 물에 돌담 쌓고 깻묵 씹어 어항 꽁무니에 붙여 놓고 삭 다리* 주워 불 지피고
양은솥에 매운탕 끓여 아랫배 불룩할 때까지 여름을 말아먹고 싶소

개똥참외 한입 베어 우적우적 삼키며
납작한 사금파리 주워 물수제비 떠 보고

풀 뜯던 어미 소 밧줄 풀리면 돌 박사리 맨발로 뛰어가 잡아매던 시절로 돌아가 보고 싶소

소나기 흠뻑 젖다 개인 오후
뒷 산마루 무지개 곱던 날 논두렁 삼거리에서 나물 뜯던 옆집 옥순인 지금 대구쯤 산다던데

연분홍 나팔꽃 뒤엉킨 언덕 잠자리 떼 낮게 날던 그해 그 여름
마루 끝 엄마 옆에서 국수 꼬랑지 기다리던 열 살 시절이 그립기만 하오

* 개셤(방언): 개 헤엄

* 칼셤(방언): 칼 헤엄(자유형)

* 송장셤(방언): 송장 헤엄(배영)

* 삭다리(방언): 삭정이

정월 보름날의 기도

절대자絶對者여

구별되게 하시고

구별하여 주시옵고

구별하며 살아가게 하옵소서

작품 해설

기억과 삶의 결,
서정적 풍경 속에 스며들다

이승훈(시인·수필가, 해드림출판사 대표)

기억과 삶의 결,
서정적 풍경 속에 스며들다

이승훈(시인·수필가, 해드림출판사 대표)

박장길 시집 「머무는 동안 기억 저편은 풍요로웠다」는 전반적으로 서정성과 현실성이 깊이 배어 있는 작품들로 구성되어 있다. 시집은 자연과 일상의 순간들 속에서 사색적이고 감각적인 언어를 통해 존재의 의미를 탐색하고, 지나온 시간과 현재를 교차시키며 감정의 흐름을 섬세하게 담아낸다. 시들은 대체로 노스텔지어, 상실과 회한, 가족과 유년의 기억, 자연과의 조화 속에서 인간의 삶을 성찰하는 주제를 중심으로 한다.

시집의 전반적인 분위기는 정적이면서도 깊은 감수성이 녹아 있는 것이 특징이다. 작품 속에서 등장하는 이미지는 다소 어둡거나 쓸쓸한 정서를 반영하지만, 동시에 따뜻한 회상의 요소도 함께 자리하고 있다. 특히, 유년 시절의 기억과 부모, 조부모 세대에 대한 그리움이 두드러지며, 삶의 무게와 현실적인 고단함 속에서도 인간적인 온기를 잃지 않으려는 태도가 엿보인다. 이러한 정서적 특성은 '꿈속의 언어', '장례長利 쌀', '그리운 할머니' 등의 작품에서 특히 두드러지며, 가족과 고향에 대한 정서가 일관되게 흐르는 점이 인상적이다.

감각적인 언어와 상징적 표현

「머무는 동안 기억 저편은 풍요로웠다」에서 사용되는 언어 표현 기법은 시각적이고 촉각적인 이미지들이 풍부하게 사용되며, 은유와 상징이 시 전반에 걸쳐 강하게 배어 있다. 특히 일상적인 사물들이 시인의 독특한 시각을 통해 재해석되며, 단순한 물리적 현상을 넘어서는 상징적 의미를 획득하는 방식이 탁월하다. 예를 들어, '내 손주 오는 길'에서는 우체부의 길과 손주를 기다리는 할머니의 마음이 겹쳐지며, 기다림의 정서가 절절하게 전해진다. 또한, '엄마의 기도'에서는 성경책과 기도 소리가 삶의 고단함과 희망을 함께 품고 있는 이미지로 제시되며, 시인의 내면적 신앙과 가족에 대한 애정이 깊이 드러난다.

리듬과 음률의 측면에서는 내재율을 통해 시의 흐름을 부드럽게 조절한다. 짧은 구절과 행 간의 적절한 여백이 감정의 깊이를 더하고 있으며, 때때로 반복되는 어휘와 구절들이 운율적인 효과를 형성한다. 예를 들어, '추수 그 허전함에 대하여'에서는 짧고 리드미컬한 구성이 가을의 씁쓸한 정서를 극대화하는 역할을 한다. 또한, '어느새'에서는 간결한 표현을 통해 시간의 흐름을 자연스럽게 체감하게 만든다.

삶과 기억의 조각들을 담아낸 시편들

이처럼 「머무는 동안 기억 저편은 풍요로웠다」는 일상에서 발견되는 사소한 감정과 기억들을 따뜻하면서도 깊이 있는 시선으로 풀어내는 시집이다. 자연과 사람, 기억과 감각이 조화를 이루며, 한 편, 한 편이 독자의 마음속에 여운을 남기는 작품들로 구성되어 있다. 시인의 담담한 어조 속에서도 묵직한 정서와 삶에 대한 통찰이 스며들어 있으며, 지나간 시간에 대한 애정과 존재의 의미를 다시금 되새기게 한다. 시집 전체를 통해, 우리는 단순한 감상의 차원을 넘어 삶을 바라보는 시인의 철학적 태도와 정서를 함께 공유하게 된다.

다음은 이번 박장길 시집 「머무는 동안 기억 저편은 풍요로웠다」에서 필자가 몇 편을 선정하여, 주제와 메시지, 시의 형식과 구조, 언어의 결로써 시적 표현 기법과 상징, 시인의 세계관으로써의 시대적·개인적 배경, 시 속의 자연관과 인간상, 독자의 울림 측면에서 감성적·철학적 의미 등을 나름대로 탐찰探察해 보았다.

언어의 경계를 탐색하고,
유년기의 결핍과 노동의 기억을 담다

새벽마다 나를 찾는 내 안의 음성이 있다 / 환청처럼 번지다 만 외계의 문장들 / 만져질 듯한 감각의 언어들이 줄지어 숨어 있다 // 꿈속, / 혀끝에서 무너져 끙끙 앓던 언어들이 있다 / 낮술에 취한 말처럼 꼬여 비틀거리듯, / 달과 별이 다투다 헝클어진 이야기를 풀어내야 한다 // 기억과 상실의 임계점에서 얽혀버린 어제의 말들이 수런대는 곳, / 생시와 꿈속의 언어가 구별되지 않는 곳, / 더 낯선 문장들이 머무는 세상에 발을 디뎌야 한다 // 날 빛까지 떠도는 달을 따라 나이론가방에 / 꼬마 꽈배기 서너 개와 단팥 빵 두 개를 감아 들고 / 지난밤이 둘러놓은 냉기를 몰아내며 / 신음하듯 뱉어내지 못했던 언어들을 찾아 나선다 // 세 살배기 아이의 옹알이만도 못한 글 / 맹물 출렁이는 종이컵 속 고민 / 이내 불어 터져 하얗게 새어 나간다 // 앉은뱅이책상 위 우메 / 꿈 깬 뒤 쳐다본 천장天障 / 참! / 깊고 멀다.

_'꿈속의 언어' 전문

시 '꿈속의 언어'는 꿈과 현실, 기억과 상실, 그리고 언어와 침묵 사이의 경계를 탐구하는 작품이다. 시의 핵심 메시지는 말과 언어가 명확히 규정되지 못하는 상태에서 갈망과 좌절, 그리고 내면의 소리를 찾아가는 과정에 있다. 특히, '혀끝에서 무너져 끙끙 앓던 언어들'이라는 표현은 시인이 꿈속에서 포착한 언어의 파편들이 현실에서 명확한 형태를 갖추지 못하는 상황을 상징적으로 보여준다. 낮과 밤, 생시와 꿈이라는 대비 속에서 언어는 때때로 숨어버리고, 때로는 뒤엉켜 왜곡되며, 결국, 시인은 그것을 찾아 떠나는 여정을 시 속에서 전개한다. 마지막 연에서 '천장

天障'을 바라보며 시의 화자는 꿈과 현실의 간극 속에서 인간이 가진 한계를 통감하는 듯하다. 이는 단순히 언어의 탐구를 넘어, 존재의 깊이와 인간이 가진 인식의 한계를 돌아보게 한다.

운율과 리듬의 측면에서 시는 자유로운 형태를 취하면서도 긴장과 흐름을 효과적으로 조율한다. 반복되는 장면들('날빛까지 떠도는 달', '지난밤이 둘러놓은 냉기', '세 살배기 아이의 옹알이만도 못한 글')은 언어의 미완성 상태를 강조하며, 감각적인 이미지들이 강렬한 울림을 남긴다. '맹물 출렁이는 종이컵 속 고민'과 같은 표현은 언어가 충분한 의미를 지니지 못하고 희미하게 흩어지는 느낌을 주며, 언어적 갈증과 무력감을 동시에 전달한다. 또한, 시는 자연적 요소(달, 별, 냉기)를 활용해 인간의 내면 풍경과 감정을 비유적으로 표현하며, 꿈속에서 언어가 형성되는 과정을 우주적 스케일로 확장시키는 특징을 보인다. 이는 자연과 인간의 관계 속에서 언어가 단순한 기호가 아니라, 존재를 구성하는 중요한 요소임을 시사한다. 더불어 시 속에서 언어는 단순한 의사소통 수단이 아니라, 인간이 세계를 이해하는 방식이자 존재의 한 형태로 작용한다. 이러한 점에서 '꿈속의 언어'

는 단순히 언어의 실체를 탐구하는 시를 넘어, 존재와 인식의 본질을 성찰하는 철학적 깊이를 지닌 작품이다.

냉골에 목줄 매고 골방에 든 동안거 / 울상의 유년이 문고리를 당긴다 // 숨어 울던 시절 시들어 / 미간에 들를 때마다 한숨부터 내뱉는 삶의 등식 // 즘말점말 저수지 터져 벼락 물이 덮친 해 / 머슴 둘 새경에 한 섬지기 터전 / 마지기 풀이로 쌀가마니 숫자에 취하셨던 아버지 // 추수 뒤 / 한 줌 입에 대 보지도 못한 쌀알이 거친 논바닥을 굴렀었다 // 장례 쌀 등에 얹은 구부정한 리어카 / 찌부러진 바퀴를 고무신 밑창으로 밀던 꼬마 형제들 // 차멀미에 전봇대 지나가듯 / 겨운 힘 토해내며 고프던 뱃골 // 살 좋은 버덩엔 이팝나무 한 아름인데 // 녹슨 리어카와 구멍 난 고무신이/무심히 늙어 버린 유년을 부른다.

_'장례長利 쌀' 전문

이 시 '장례 쌀(장리 쌀의 방언)'은 가난했던 유년기의 기억을 회고하며, 생존을 위한 노동과 가족의 고단한 삶을 그린 작품이다. 제목에서 드러나듯 '장례 쌀'은 단순한 곡식이 아니라 빚과 노동, 그리고 삶의 무게를 상징한다. 특히, "냉골에 목줄 매고 골방에 든 동안거"라는 표현은 가난한 환경 속에서 견뎌야 했던 혹독한 현실을 암시하며, 문고리를 당기는 "울상의 유년"은 과거의 기억이 현재의 화자를 찾아오는 장면을 상징적으로 형상화한다. 시는 가을 추수의 풍요로움과 정작 그 결실을 누리지 못했던 가족의 모습 사이의 대비를 강조하며, 특히 아버지가 쌀가마니 숫자에 집착할 수밖에 없었던 현실적 배경을 묘사함으로써, 노동과 삶의 고단함을 독자에게 전달한다.

운율과 구조 면에서 시는 짧고 강렬한 행들로 이루어져 있으며, 산문적 서술과 상징적인 이미지가 조화롭게 어우러진다. "녹슨 리어카와 구멍 난 고무신이 / 무심히 늙어 버린 유년을 부른다"라는 구절은 물질적 궁핍이 단순한 현실의 고통을 넘어서, 시간의 흐름 속에서 사라져 버린 순수한 유년기를 회상하게 한다. 또한, "살 좋은 버덩엔 이팝나무 한 아름인데"라는 구절을 통해 자연의 풍요와 인간의 결핍을 대비시키며, 삶의 불공평한 구조를 암시한다. 시어들은 감각적이고 날카롭지만, 과장 없이 담담하게 배치되어 있으며, 특히 "차멀미에 전봇대 지나가듯 / 겨운 힘 토해내며 고프던 뱃골"과 같은 표현은 시각적 이미지와 신체적 감각을 동시에 자극하는 강렬한 시적 장치이다. 이처럼 '장례 쌀'은 유년기의 결핍과 노동의 기억을 통해, 개인적 경험 속에서 시대적 현실과 계층적 문제를 조명하며, 독자에게 묵직한 울림을 남긴다.

따뜻한 기억과 부재의 애틋함, 그리고 자연과 인간의 조화로운 관계

선달 바람 매서운 밤 / 화롯불 위 노릇하게 익어가던 군고구마 / 쪼그려 앉으신 할머니 손끝엔 / 세월이 주름처럼 깊게 스며있었지 // 낡은 장판 위 / 뒤꿈치 헤진 검정 고무신 한 켤레 / 거꾸로 신고 나가 눈 위에 찍어보던 떡살 무늬 작은 발자국 // 뒤곁엔 / 어깨끈 늘어난 나무지게 하나 / 비틀린 나뭇결 사이로 햇살 퍼지면 할머니 등이 떠올랐어 // 무거운 나날 이고 진 채 / 머지고개 넘으시던 뒷모습이 // 따스한 숭늉처럼할머니 품 언제나 포근했는데 // 이젠 / 그 바람만 남아 / 잠깐씩 불어오다 이내 사라지고.
_'그리운 할머니' 전문

'그리운 할머니'는 유년 시절의 따스한 기억과 함께, 이제는 부재한 할머니에 대한 애틋한 그리움을 섬세하게 표현하고 있다. 섣달 바람과 화롯불, 군고구마의 이미지로 시작하는 시는 시각적·촉각적 감각을 자극하며 독자를 따뜻한 회상의 공간으로 초대한다. 특히, 손끝의 주름이나 낡은 고무신, 떡살 무늬 발자국 같은 섬세한 세부 묘사는 할머니의 삶과 세월의 흔적을 사실적으로 드러내며, 이를 통해 단순한 개인의 추억을 넘어, 한 시대를 살아온 어머니 세대의 인내와 희생을 형상화한다. 시의 구조는 과거와 현재를 대비시키며 점진적으로 변화하는 감정을 따라 흐른다. '이젠 그 바람만 남아'라는 마무리는 부재의 쓸쓸함을 강조하면서도, 바람이라는 자연적 요소를 통해 기억과 존재가 완전히 사라지지 않음을 암시한다.

운율과 리듬 면에서도 시는 자연스럽게 흘러가며, 짧고 단정한 행들이 차분한 정서를 더욱 부각한다. 반복되는 시각적 이미지와 대조적인 표현('무거운 나날'과 '따스한 숭늉', '머지고개 넘으시던 뒷모습'과 '포근했던 품')은 기억 속 할머니의 강인함과 따뜻함을 함께 떠올리게 한다. 나무지게, 검정 고무신과 같은 상징적 사물들은 단순한 소품이 아니라, 한평생 노동을 감내한 존재의 무게를 담아낸다. 이러한 시적 장치들은 단순한 향수를 넘어, 가족의 사랑과 시간의 흐름에 대한 철학적 사유를 가능하게 한다. 결국, 이 시는 단순한 개인의 할머니가 아닌, 우리는 마음 속에 간직한 따스한 존재에 대한 보편적 그리움을 불러일으키며, 한 편의 서정적인 추모곡처럼 깊은 여운을 남긴다.

고개는 동쪽으로 돌리고 / 꽃잎은 서쪽으로 두어 노을빛까지 담아야지 // 창窓은 / 솔가지 살짝 가리도록 남쪽으로 둘까? // 찬 이슬 축축한 독백 바람에 실어 보내고 / 동안거 길 걷다 보면 수레의 봄날 다시 오겠지 // 그땐 / 순전히 보라만 피워 낼 거야 // 시오리길 고개 넘어 / 너를 보러 오는 // 나만 알 수 있는 / 발걸음 소리 들을 수 있을 테니.

_'수레국 Ⅲ' 전문

이 시는 자연과 인간의 조화를 섬세한 감각으로 표현하며, 시간과 공간 속에서 변화하는 자연의 모습을 통해 인간의 내면을 은유적으로 그려낸다. '고개는 동쪽으로 돌리고 / 꽃잎은 서쪽으로 두어 노을빛까지 담아야지'라는 구절에서 자연의 순환과 빛의 움직임을 세밀하게 포착하면서도, 그것을 단순한 풍경 묘사가 아니라 인간의 태도와 삶의 방향성에 대한 함축적인 상징으로 활용하고 있다. 또한, 창窓의 방향을 고민하는 장면은 인간이 자연과 어떻게 관계 맺는지를 고민하는 태도를 보여주며, 바람을 통해 독백을 실어 보내는 장면은 내면의 사색과 고독을 담아내는 방식으로 읽힌다. '동안거'라는 불교적 개념이 등장하는 점도 흥미로운데, 이 계절적·명상적 시간의 흐름이 '수레의 봄날'이라는 미래와 연결되면서 생멸의 순환 속에서 새로운 희망을 암시한다.

시의 형식과 언어의 결은 간결하면서도 함축적이며, 여백을 활용하는 방식이 사유의 깊이를 더한다. 특히, '그땐 / 순전히 보라만 피워 낼 거야'라는 대목에서 색채의 상징성이 두드러지는데, '보라'는 신비로움과 영적인 깊이를 상징하면서도, 수레국화의 특징적인 색감을 강조함으로써 자연의 순수한 생명력과 존재감을 드러낸다. 마지막 연에서 '시오리길 고개 넘어 / 너를 보러 오는 / 나만 알 수 있는 / 발걸음 소리'라는 구절은 기다림과 교감의 정서를 극적으로 표현하며, 시적 화자의 내면적 울림을 더욱 깊이 있게 한다. 이는 단순한 자연의 묘사를 넘어서, 인간과 자연, 혹은 특정한 타자와의 관계 속에서 느끼는 정서적·철학적 의미를 탐구하는 방식으로 읽힌다. 이 시는 결국 자연 속에서 인간의 존재 방식과 내면의 흐름을 탐색하는 한 편의 서정적인 명상이라고 볼 수 있다.

수확, 그 이면의 허전함과 신앙과 삶의 애환

가을비 드센 날 / 홀씨들 떨며 지새우는 밤 // 낫에 베인 상처 아물 새 없이 / 엉겅퀴 껍질 같은 손등 위로 달아나는 계절 // 구름 비낀 하늘에 / 땀내 뱉어내며 / 그루의 절댓값을 튕겨 보지만 // 알곡 떨군 빈자리 / 저며 오는 그 씁쓸함이여.

_'추수 그 허전함에 대하여' 전문

이 시는 추수를 주제로 한 작품이지만, 단순한 풍경 묘사에 그치지 않고 '허전함'이라는 감정을 중심에 둠으로써 수확의 이면을 조명한다. 가을비가 거세게 내리는 날과 홀씨가 떨며 지새우는 밤의 이미지는 수확의 기쁨보다는 쓸쓸한 분위기를 강조하며, 특히 '낫에 베인 상처 아물 틈도 없이'라는 구절은 노동의 고단함과 쉼 없는 자연의 순환을 암시한다. 이러한 묘사는 단순한 농사의 과정이 아니라 삶의 순환 속에서 필연적으로 마주하는 상실과 덧없음을 상징하는 듯하다. 곡식을 거둬들이는 순간, 오히려 허전함이 스며드는 아이러니를 통해 시인은 풍요로움과 공허함이 공존하는 인간의 감정을 표현한다.

형식적으로 보면, 이 시는 짧지만 응축된 이미지와 상징을 통해 강한 여운을 남긴다. 시어는 일상적인 동시에 시적 긴장감을 품고 있으며, '군고구마 껍질 같은 손등'이라는 구체적인 비유를 통해 수확하는 노동자의 삶을 직관적으로 형상화한다. 또한, '그루의 절댓값'이라는 수학적 용어를 활용하여 수확 이후 남겨진 논밭의 흔적을 사유적으로 풀어내고 있다. 절댓값이 숫자의 크기만을 나타내듯이, 남겨진 '그루(베어낸 밑동)'의 존재는 무엇을 잃었는지를 감각적으로 드러내는 장치가 된다. 이러한 시적 기법은 단순한 자연 묘사를 넘어 철학적인 성찰을 가능하게 하며, 자연과 인간의 관계에 대한 깊은 질문을 던진다.

시인은 자연의 순환 속에서 인간이 경험하는 감정의 흐름을 예리하게 포착하고 있다. 추수는 곧 결실과 성취의 순간이지만, 시인은 그와 동시에 밀려오는 공허함과 씁쓸함을 강조하며 자연의 질서 속에서 인간이 느끼는 감정을 섬세하게 표현한다. 노동의 흔적,

절댓값으로 남겨진 논밭, 씁쓸한 허전함은 단순한 농경의 이미지가 아니라 인간의 삶과 유한성을 떠올리게 한다. 이러한 점에서 이 시는 독자에게 깊은 감성적·철학적 울림을 전하며, 수확의 의미를 단순한 풍요의 관점에서 벗어나 삶의 공허함과 순환의 필연성까지 확장해 해석하도록 유도하는 작품이라 할 수 있다.

나무 십자가 가까워질수록 / 만물들의 발자국과 기도는 쪽배에 실리고 / 가난한 삶은 산 밑으로 모였다 // 토담 변소 앞에 놓여 있던 빨간 성경책 / 한 장씩 찢겨나가고 / 잿간에 머물던 기도 제목들은 싸라기눈 되어 쏟아진다 // 문지방 틈새로 빼꼼히 보이는 곳 / 오래된 언덕 지키고 선 낡은 교회 공소 // 어쩌다 한 번 종소리 들리는 날 / 간절한 소망들 가지런히 모아 쥔 엄마의 작은 손 / 통곡하던 기도 소리, 떨리던 입술은 / 묶인 매듭 풀어 달라는 / 한 맺힌 간구懇求였다.

_'엄마의 기도' 전문

'엄마의 기도'는 신앙과 삶의 애환이 교차하는 공간에서 엄마의 간절한 기도를 형상화한다. 제목에서 '엄마'와 '기도'라는 단어가 주는 직관적인 울림은 독자에게 따뜻하면서도 애절한 감정을 불러일으킨다. 시의 초반부에서 십자가와 기도 소리, 가난한 삶이 등장하며, 신앙이 삶의 고단함 속에서 어떤 역할을 하는지 보여준다. 특히 '가난한 삶은 산 밑으로 모였다'라는 구절은 신앙이 힘겨운 삶을 살아가는 이들에게 모이는 안식처가 된다는 것을 암시한다. 기도 제목이 '싸래기눈 되어 내린다'는 표현은 삶의 무게가 기도로 승화되는 장면을 아름답게 형상화하면서도, 신앙적 간절함과 절박함을 함축적으로 드러낸다.

시의 형식은 자유시 형태를 취하고 있으며, 각 연이 독립적인 이미지와 정서를 형성하면서도 전체적으로 연결되는 흐름을 가진다. 특히 '토담 변소 앞의 빨간 성경책'이나 '문지방 틈새로 보이는 천주교회 공소' 같은 구체적이고 향토적인 이미지들은 시적 공간을 선명하게 구축한다. 이러한 구체적 이미지들은 시의 정서를 더욱 실감 나게 전달하는 역할을 하며, 신앙과 현실이 공존하는 풍경을 시각적으로 그려낸다. 마지막 연에서 기도가 '매듭 묶인 일상을 풀어 달라는 한 맺힌 간구'로 표현된 부분은 시 전체를 관통하는 메시지를 압축하는 핵심 구절이다. 이는 단순한 신앙적 행위가 아니라, 생존과 염원의 몸짓임을 강조하며 독자의 깊은 공감을 불러일으킨다.

이 시는 신앙을 단순한 믿음의 차원을 넘어, 현실적인 고통과 해방을 염원하는 간절한 행위로 묘사한다. 시인이 그리는 자연은 인간의 기도가 스며드는 공간이며, 특히 종소리와 풍경 속에서 흩어지는 엄마의 기도 소리는 시적 감성을 극대화한다. 신앙이 개인의 구원을 넘어 공동체적 차원에서 어떻게 작용하는지 섬세하게 탐구하는 동시에, 기도가 단순한 종교적 수행이 아니라 삶과 맞닿아 있는 절박한 염원임을 시적으로 형상화하고 있다. 이러한 점에서 '엄마의 기도'는 깊은 울림을 주는 작품으로, 독자에게 신앙과 삶, 그리고 어머니의 헌신적 사랑에 대해 다시금 생각해보게 하는 시적 경험을 제공한다.

기다림과 애틋한 정서,
그리고 시간의 흐름과 삶의 변화

수세미 열리고 물봉숭아 피어나면 / 가죽 가방 어깨 메고 우체부 오던 길 / 손주 소식 기다리던 울 할머니 까막눈이셨지 // 때 묻은 편지봉투 손주 글씨에 / 이웃집 영순네로 급히도 가시던 길 // 우체부 자전거 넘어질세라 / 눈 덮인 논두렁 쓸어 내던 길 // 누렁이 좋아라 뒤따라 돌고 / 미루나무 꼭대기 까치 울던 길 // 쇠죽불 연기 그치면 내 손주 오려나 / 매운 눈 훔치며 내다보던 길 // 춘삼월 지나고 개구리 울면 / 바람불이 도랑 건너 들어서겠지.

_'내 손주 오는 길' 전문

이 시 '내 손주 오는 길'은 손주를 기다리는 할머니의 애틋한 마음과 그 기다림이 스며든 시간과 공간을 감각적으로 포착하고 있다. 시의 주제는 기다림과 그리움, 그리고 그것이 만들어낸 일상의 풍경이다. 시 속에서 자연은 단순한 배경이 아니라 인간의 감정과 조응하며, 손주의 소식을 애타게 기다리는 할머니의 마음과 맞닿아 있다. 물봉숭아, 미루나무, 까치, 개구리 같은 자연적 요소들은 시간의 흐름과 기다림의 지속성을 암시하며, 손주가 올 것이라는 희망을 더욱 선명하게 만든다. 마지막 연에서 "바람불이(횡성 지명) 도랑 건너 들어서겠지"라는 표현은 기다림이 끝나고 손주가 도착할 것이라는 기대감을 담고 있으며, 동시에 기다림의 덧없음과 시간의 흐름을 시적으로 형상화한다.

시의 형식과 구조는 담담하면서도 운율감이 살아

있어 정겨운 분위기를 자아낸다. 각 연은 손주의 소식과 관련된 기억을 따라가며, 기다림의 장소와 시간적 배경을 서정적으로 묘사한다. 특히 '눈 덮인 논두렁 쓸어 내던 길'이나 '쇠죽불 연기 그치면 내 손주 오려나' 같은 구절은 구체적이면서도 감각적인 이미지로, 독자로 하여금 할머니의 기다림을 생생하게 체험하게 만든다. 문장은 간결하지만, 시적 긴장감을 유지하며, 반복적인 구조 속에서 기다림의 정서가 점층적으로 고조된다.

특히 길이라는 공간적 요소는 손주의 소식을 전하는 우체부가 오던 길이면서, 동시에 손주가 다시 돌아올 길로 기능한다. 이는 기다림과 재회의 상징적 공간으로 작용하며, 자연의 변화와 함께 시간의 흐름을 보여준다. 또한, 손주의 편지를 받기 위해 까막눈 할머니가 '영순네로 급히도 가시던 길'이나 '눈 덮인 논두렁 쓸어 내던 길'은 기다림의 절실함을 강조하며, 인간의 따뜻한 정서와 자연의 조화를 아름답게 표현하고 있다. 이 시는 단순한 향수적 회상이 아니라, 기다림이 어떻게 시간과 공간에 새겨지는지를 감각적으로 보여주며, 독자에게 깊은 울림을 전하는 작품이다.

선달 바람 금줄 붙잡고 / 할머니 손에서 컸지 // 생략 불가한 날들 / 기억 뒤편으로 흐려가고 // 틈새 빠져나온 빛 한줄기 따라 / 허물 몇 겹 벗고 보니 // 하마 // 가을이네.

_'어느새' 전문

이 시 '어느새'는 시간의 흐름 속에서 잊히고 흐려지는 기억과 그럼에도 남아 있는 삶의 흔적을 담담하게 그려낸 작품이다. 첫 연의 "선달 바람 금줄 붙잡고"라는 표현은 전통적인 정서와 과거의 따뜻한 기억을 환기시키며, '할머니 손에서 컸지'라는 구절은 어린 시절의 보호받던 순간을 암시한다. 하지만 두 번째 연에서는 '생략 불가한 날들'이 '기억 뒤편으로 흐려가고' 있다는 표현을 통해, 중요한 순간들조차 시간 앞에서 희미해지는 과정을 묘사한다. 이어지는 세 번째 연에서는 '틈새 빠져나온 빛 한줄기 따라'라는 표현이 내면의 성장과 깨달음을 상징하며, '허물 몇 겹 벗고 보니'라는 구절은 변화와 성숙을 암시한다. 마지막 연의 '하마 가을이네.'라는 짧고 강렬한 마무리는 시간의 빠른 흐름을 압축적으로 보여주며, 한순간 계절이 바뀌었음을 깨닫는 순간의 놀라움을 담고 있다.

이 시는 간결한 언어와 절제된 표현을 통해, 개인적인 경험이 보편적인 삶의 흐름과 맞닿아 있음을 보여준다. 형식적으로도 불필요한 수식을 배제하고 절제된 언어를 사용함으로써, 시적 긴장감을 유지하면서도 독자에게 깊은 여운을 남긴다. 특히 '하마'라는 단어는 예상치 못한 깨달음을 상징하며, 일상의 흐름 속에서 문득 시간의 변화를 실감하는 순간을 담백하게 그려낸다. 시인의 세계관은 자연과 인간의 관계 속에서 시간의 흐름을 응시하며, 기억과 성장, 그리고 그 사이의 틈을 탐구하는 데 있다. 선달에서 가을로 이어지는 시간의 점프는 단순한 계절의 변화가 아니라, 삶 속에서 우리가 미처 깨닫지 못하는 변화와 그로 인한 정서적 울림을 강조한다. 결국 이 시는 독자들에게도 자신의 지나온 시간을 되돌아보게 하며, 순간의 깨달음이 지닌 철학적 의미를 음미하게 만든다.

존재와 감정 탐색,

그리고 그리움과 부재 속의 존재감

보름 이틀 전야 / 멀리서 보는 밤길의 환상 / 검은 모습 다가선 미동 없는 교각 밑 / 비릿한 겨울 때가 덧쌓이고 있다 // 초저녁별 하나 갈풍리 하늘쯤에 취해 떠 있다 / 삭풍 밟는 아스팔트 위 / 바닥에 부딪히는 고요가 까맣게 튀어 오른다 // 문밖에 둔 마음 / 발자국에 얼어붙고 / 낯설게 들려온 겨울 강 외마디 // 쩌러룽 꽁꽁 // 쓸쓸한 달, 추위에 떨다 잠들고 / 언 눈썹 말아 올리며 뜻 모르게 하던 다짐 / 짤막하게 토하던 밤

_'달의 속내' 전문

'달의 속내'는 겨울밤의 정적과 쓸쓸함을 담아내면서도, 달을 통해 인간의 내면 풍경을 섬세하게 비추는 작품이다. 시의 제목에서부터 '속내'라는 단어를 사용하여 겉으로 드러나지 않은 감정의 흐름과 사유의 깊이를 예고한다. 시 속의 달은 단순한 자연물이 아니라 인간의 감정을 반영하는 존재로 등장하며, 밤길의 환상과 추위를 견디는 모습 속에서 고독한 성찰의 대상이 된다. '문밖에 둔 마음'과 '발자국에 얼어붙'는 이미지는 정서적 소외와 단절을 상징하며, 마지막 연의 '쓸쓸한 달'과 '짤막하게 토하던 밤'은 감정을 억누르다 터트리는 순간의 아릿한 정서를 표현한다. 이러한 점에서 시는 자연과 인간의 감정을 교차시키면서도, 독자들에게 감성적인 울림을 선사한다.

형식적으로 보면, 시는 짧은 행과 비약적인 이미지 전개를 통해 파편화된 감정을 효과적으로 전달하고 있다. 특히 '쩌러릉 꿍꿍'이라는 의성어의 활용은 차갑고 건조한 정적을 깨뜨리는 요소로 작용하며, 시적 긴장감을 배가시킨다. 또한, '검은 모습 다가선 미동 없는 교각 밑', '바닥에 부딪히는 고요가 까맣게 튀어 올랐다' 같은 구절은 색채와 동적 이미지를 활용하여 공간적 분위기를 강화한다. 이러한 표현 기법은 시의 전체적인 서정성을 높이며, 마치 한 편의 몽환적인 영상처럼 독자의 상상 속에서 펼쳐지도록 한다.

시인은 달과 겨울이라는 자연적 요소를 통해 인간의 내면과 외부 세계 사이의 경계를 탐색하고 있다. 달이 '언 눈썹 말아 올리며 뜻 모르게 하던 다짐'이라는 표현은 모호하지만 깊은 상징성을 지닌다. 이는 인간이 자신을 위로하거나 다짐하지만, 그것이 정작 의미가 없을 때의 감정을 나타내는 듯하다. 결국, 이 시는 차가운 계절 속에서 외로운 존재로서 있는 인간의 모습을 담아내면서도, 달이라는 보편적 상징을 통해 독자들에게 깊은 감성과 철학적 여운을 남긴다.

질척한 고무신이 / 헐렁한 안부를 묻는다 // 무릎 적신

이슬은 한나절 되어 바람이 실어 가고 / 폭염에 데인 삽자루, / 상처 싸매고 그늘에 누웠다 // 대를 잇는 쇄선들 / 보이지 않는 금 그어 지켜낸 한 섬지기 // 아침노을 마냥, / 미어지는 그리움만 번져 간다 // 올 팔월엔 / 이승 나들이 다녀가시겠지 // 서낭당 지나 바람불이 건너 소 몰고 가겠다는 / 낯선 기별 한번 주시려나 // 스쳐만 가는 바람 자락 안부 한 줄에 / 긴 한숨만 끊어 쉰다

_'아버지 안부' 전문

이 시는 아버지를 향한 그리움과 부재 속의 존재감을 섬세하게 형상화한 작품이다. 첫 연에서 '질척한 고무신'과 '헐렁한 안부'라는 표현을 통해 아버지의 삶의 흔적과 그리움의 공허함을 대비시키며 시적 긴장을 형성한다. 이어지는 연에서는 자연 속 노동의 흔적('폭염에 데인 삽자루')과 아버지의 희생을 상징하는 이미지('대를 잇는 쇄선들')가 교차하며, 아버지의 삶과 가족을 위한 헌신이 한 섬지기(작은 땅을 일구는 사람)의 역할로 압축된다. '미어지는 그리움만 번져 간다'는 구절은 아버지를 향한 애절한 감정을 극대화하며, 독자에게 깊은 정서를 불러일으킨다.

'올 팔월엔 / 이승 나들이 다녀가시겠지'라는 구절

은 아버지가 이미 세상을 떠났음을 암시하면서도, 여전히 살아 있는 듯한 존재감을 유지하는 점에서 독특한 시간성과 정서를 형성한다. 특히 '서낭당'과 시인 고향의 지명인 '바람불이' 같은 요소들은 조상의 혼과 자연을 연결하는 상징으로 작용하며, 아버지의 안부를 묻는 행위가 단순한 기억이 아닌 영적 교감을 향한 갈망임을 시사한다. 마지막 연에서 '스쳐만 가는 바람 자락 안부 한 줄'은 부재 속에서도 남아 있는 아버지의 흔적을 의미하며, '긴 한숨 끊어 쉰다'는 결말은 그리움의 무게를 깊이 있게 마무리한다.

이 시는 자연과 인간을 유기적으로 엮으며, 부재한 존재를 그리워하는 감정을 섬세하게 형상화한 작품이다. 아버지의 삶과 그리움을 자연의 요소로 녹여냄으로써, 개인적 정서를 초월하여 보편적인 공감을 이끌어낸다. 시대적·개인적 배경을 고려할 때, 노동과 가족에 대한 깊은 애정, 그리고 전통적 세계관이 깃든 시인의 시선이 돋보인다. 시의 전반적인 분위기는 조용하면서도 아련하며, 독자에게 철학적 성찰과 감성적 울림을 동시에 수여한다.

물리적, 화학적 개념 차용과 삶의 관조

가벼운 질량들의 타박 / 작용 반작용의 폐해 / 걱정이 억눌린 차가운 감정 // 화학적 운해가 덮이던 시간 / 공원 숲의 달음박질은 속절없다 // 먼 산 이만큼씩 다가와 앉아도 / 어둠의 질서는 아무 말 없이 받아들였다 // 징검다리가 전하던 따스한 온기 / 강물의 파동이 그림자를 흔들고 // 날숨 내뿜는 소모의 영역 어디쯤에 / 동의가 필요치 않은 존재로 머물러 있었을 가치를 두고 / 소요했던 간밤이 겸연쩍다.

_'탓' 전문

이 시 '탓'은 물리적, 화학적 개념을 빌려 인간의 감정과 존재의 의미를 탐색하는 작품이다. '가벼운 질량들의 타박'이나 '작용 반작용의 폐해'와 같은 표현은 인간이 감정적으로 충돌하고 상처받는 과정을 물리 법칙에 빗대어 설명하며, 감정이 마치 필연적인 힘의 작용처럼 흘러간다는 것을 시사한다. '화학적 운해'라는 표현은 오염된 공기처럼 감정을 억누르는 분위기를 연상시키며, '공원 숲의 달음박질'이 '속절없다'는 구절에서는 자연 속에서 달리지만, 결코 자유로울 수 없는 인간의 존재 조건이 드러난다. 시는 자연과 인간의 관계를 교차적으로 묘사하며, 인간의 감정이 외부 세계와 어떻게 반응하는지를 탐구한다.

특히, '먼 산 이만큼씩 다가와 앉아도 / 어둠의 질서는 아무 말 없이 받아들였다'라는 부분은 자연이 모든 것을 수용하는 태도를 보여주며, 반대로 인간은 끊임없이 의미를 찾아 헤매는 존재임을 암시한다. 징검다리와 강물의 이미지가 따뜻함과 흔들림을 동시에 표현하는 대목에서는 삶의 균형과 불확실성이 공존하는 모습이 드러난다. 마지막 연에서는 '소모의 영역'과 '동의가 필요치 않은 존재'라는 표현을 통해, 인간이 자신의 가치에 대해 끊임없이 질문을 던지는 모습을 보여준다. 이는 단순한 자아 탐색이 아니라, 존재의 본질에 대한 철학적 성찰로 확장된다. 시는 감성적인 이미지와 물리적 개념을 교차적으로 활용하며, 인간 존재에 대한 깊은 울림을 전한다.

억지로는 씻지 않는 갯바위 가슴팍 / 한세월 두었다가 얼음장 녹을 때쯤 / 겨울만 헹궈내고 // 젖은 풀잎 덮어둔 삶의 조각들은 / 오뉴월 바람에 말려 두어야지 // 마모되는 갈망 // 필요도 / 충분도 // 내 안의 욕慾, // 바위처럼 살아야지 / 바위 되어 살아야지.

_'바위 되어 살아야지' 전문

'바위 되어 살아야지'는 자연 속 바위의 존재 방식을 통해 인간의 삶을 관조하는 작품이다. 시인은 바위의 속성을 비유하여 억지로 씻어내려 하지 않고, 시간이 지나 자연스럽게 헹궈지는 삶의 흐름을 강조한다. 이는 인간이 삶에서 겪는 고난과 감정을 억지로 없애려 하기보다, 자연의 순환 속에서 서서히 흘려보내는 것이 더 나은 방법임을 시사한다. 특히 '한 세월 두었다가 얼음장 녹을 때쯤 / 겨울만 헹궈내고'라는 구절은 시간의 흐름을 따라 불필요한 것만 덜어내고, 본질을 지켜가는 태도를 보여준다. 이러한 자연에 순응하는 자세는 현대 사회에서 흔히 강요되는 즉각적인 해결과 감정의 억압과는 대조적인 메시지를 전달하며, 독자에게 깊은 성찰을 유도한다.

형식적으로 보면 이 시는 짧은 행과 단어를 활용하여 단단한 느낌을 자아내며, 여백을 통한 사유의 공간을 제공한다. 특히 '마모되는 갈망'이라는 구절은 짧지만 강한 여운을 남기며, 바위처럼 욕망을 줄이고 살아가야 한다는 주제를 강조한다. 또한 '필요도 / 충분도'와 같은 간결한 표현은 존재의 본질에 대한 철학적 질문을 던진다. 욕망慾이라는 한자어를 강조한 것은 인간 본연의 갈망을 직시하면서도, 그것을 다스리는 것이 중요함을 시사한다. 이러한 시적 표현과 상징은 단순한 자연 묘사가 아니라, 삶을 대하는 태도를 성찰하는 매개체로 기능하며, 독자에게 깊은 울림을 준다. 궁극적으로 시인은 바위의 형상 속에서 자연과 인간이 닮아야 할 이상적인 삶의 태도를 제시하며, 이를 통해 시대를 초월한 보편적인 철학적 의미를 전달한다.

마무리하며

박장길 시집 「머무는 동안 기억 저편은 풍요로웠다」가 전달하는 서정성과 현실성, 그리고 그 속에 스며든 깊은 감수성을 확인하였다. 시인은 자연과 일상의 순간들을 섬세한 언어로 포착하며, 이를 통해 존재의 의미를 탐구하고 있다. 특히 유년의 기억, 가족, 상실과 회한, 그리고 기다림과 그리움의 정서는 시집 전반에 흐르며, 독자들에게 따뜻한 회상과 깊은 성찰의 기회가 된다. 시의 언어는 단순한 묘사를 넘어 은유와 상징을 활용하여, 평범한 사물 속에서도 삶의 본질적인 의미를 끌어낸다. 이를 통해 시인은 과거와 현재를 교차시키면서도 삶의 정서를 묵직하게 담아낸다.

박장길 시인은 감각적인 이미지와 리듬감을 활용하여 독특한 시적 공간을 형성한다. 짧고 간결한 행들은 여백의 미를 살리면서도 감정의 흐름을 부드럽게 조절하며, 반복되는 구절들은 운율적인 효과를 극대화한다. 특히 자연과 인간의 삶을 연결하는 방식이 두드러지며, 이를 통해 개인적인 기억이 보편적인 정서로 확장된다. 작품 속에서 등장하는 다양한 상징적 요소들은 단순한 회상의 도구가 아니라, 삶과 존재에 대한 철학적 탐색의 매개체로 작용한다. 시인은 바람, 달, 나무, 물 등 자연의 요소를 통해 인간의 감정과 경험을 비유적으로 풀어내며, 이를 통해 독자들에게 깊은 공감을 불러일으킨다.

따라서, 「머무는 동안 기억 저편은 풍요로웠다」는 단순한 서정시집이 아니라, 삶을 바라보는 시인의 태도와 철학이 녹아든 작품집이라 할 수 있다. 시인은 기억과 현실, 상실과 희망을 조화롭게 엮어내며, 그 속에서 인간의 내면을 탐색하는 사유의 공간을 제공한다. 삶의 무게와 고단함 속에서도 따뜻한 감성과 인간적인 온기를 잃지 않으려는 태도가 시집 전반에 흐르고 있으며, 이는 독자들에게도 깊은 울림을 남긴다. 이처럼 박장길의 시는 일상에서 쉽게 지나칠 수 있는 순간들을 붙잡아, 그것이 지닌 본질적인 의미를 탐구하며, 독자들에게 삶의 깊은 면모를 다시금 돌아보게 한다.